01985

9: CYRRAEDD TIR

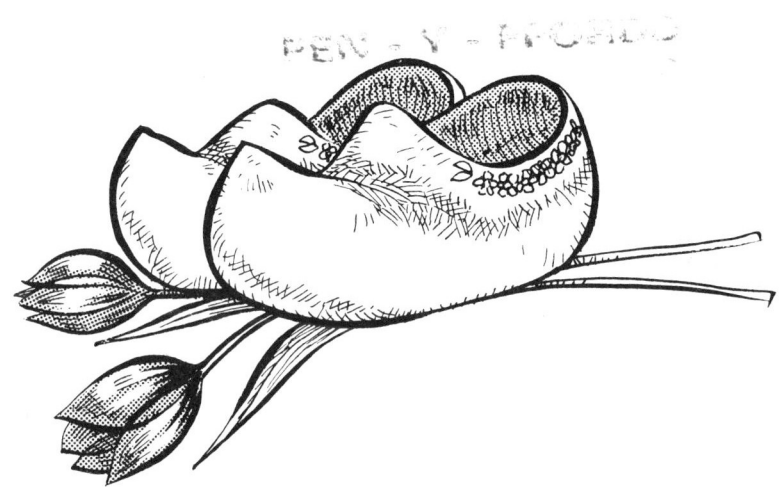

Gwasg Gomer

Mae Bob, Elin a Sam wedi bod ar y
llong ers deuddydd.
Dydyn nhw ddim wedi cysgu'n dda.
Ond mae'r ci mawr wedi cysgu'n iawn.

Edrychwch!
Mae Sam wedi gweld rhywbeth.
Mae Sam wedi gweld tir.

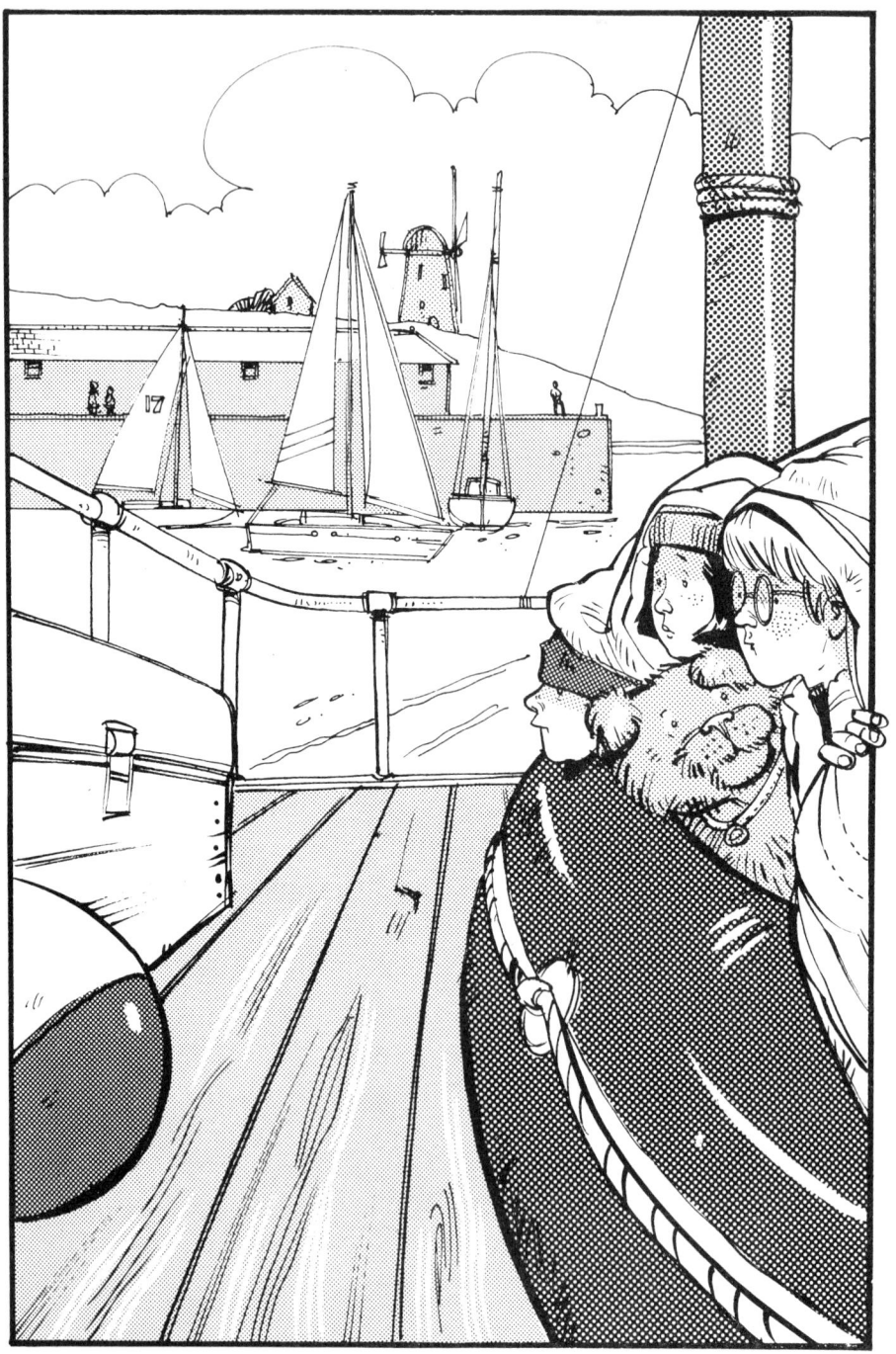

"Edrych Bob, tir!
Tir yn y fan acw.
Mae'r llong yn dod i dir."
"Ble rydyn ni?" meddai Elin.

"Ynys Môn," meddai Bob.
"Rydw i wedi gweld melin wynt fel yna
ar Ynys Môn."
"Lol i gyd!" meddai Sam.
"Dydi pobl Ynys Môn ddim yn gwisgo fel
yna."

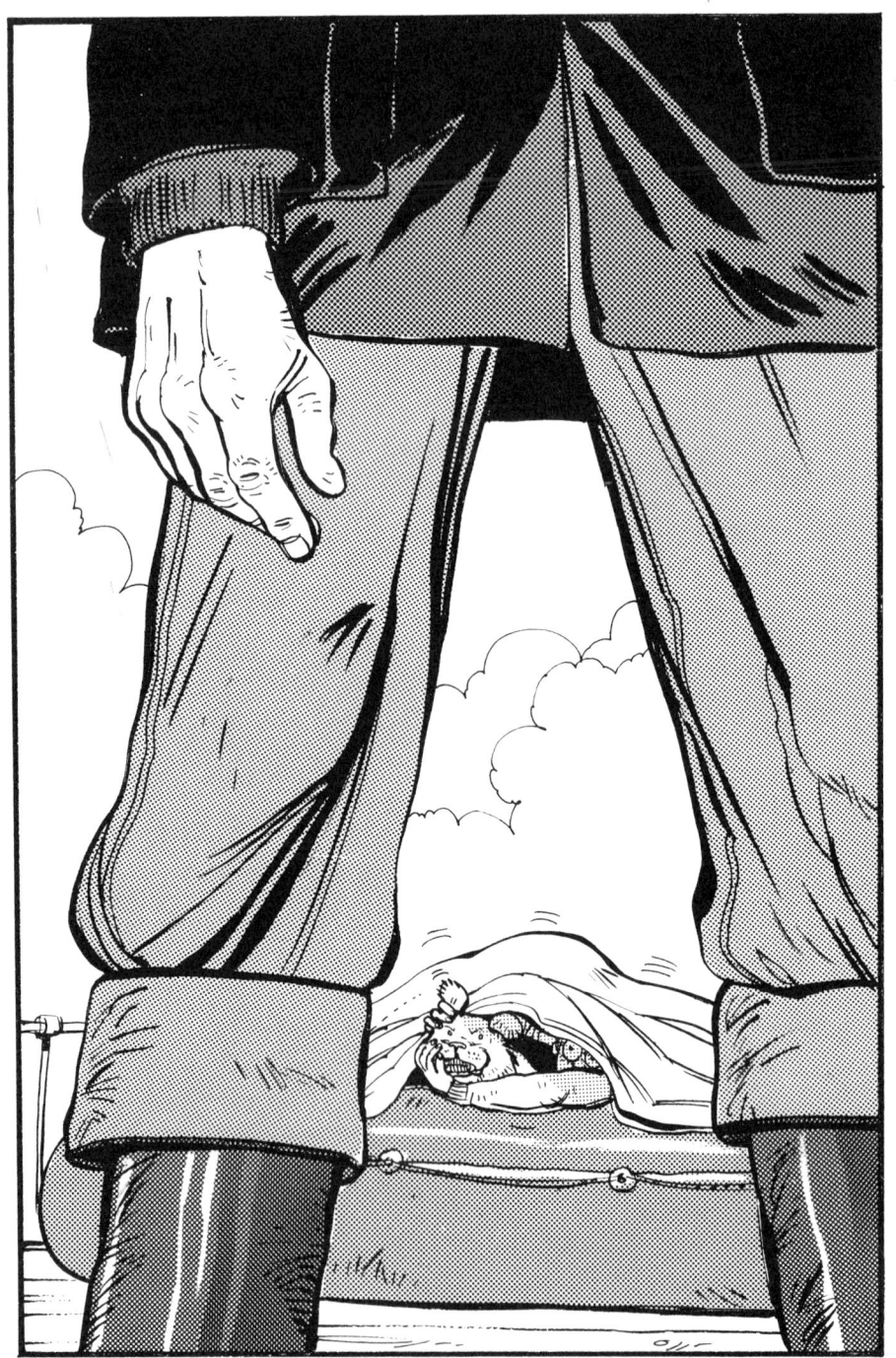

"Sh! Dacw'r dynion drwg yn dod."
Rhaid i'r plant guddio eto.
Rhaid i'r ci mawr guddio hefyd.
Rhaid i'r plant a'r ci mawr guddio eto
yn y cwch rwber.

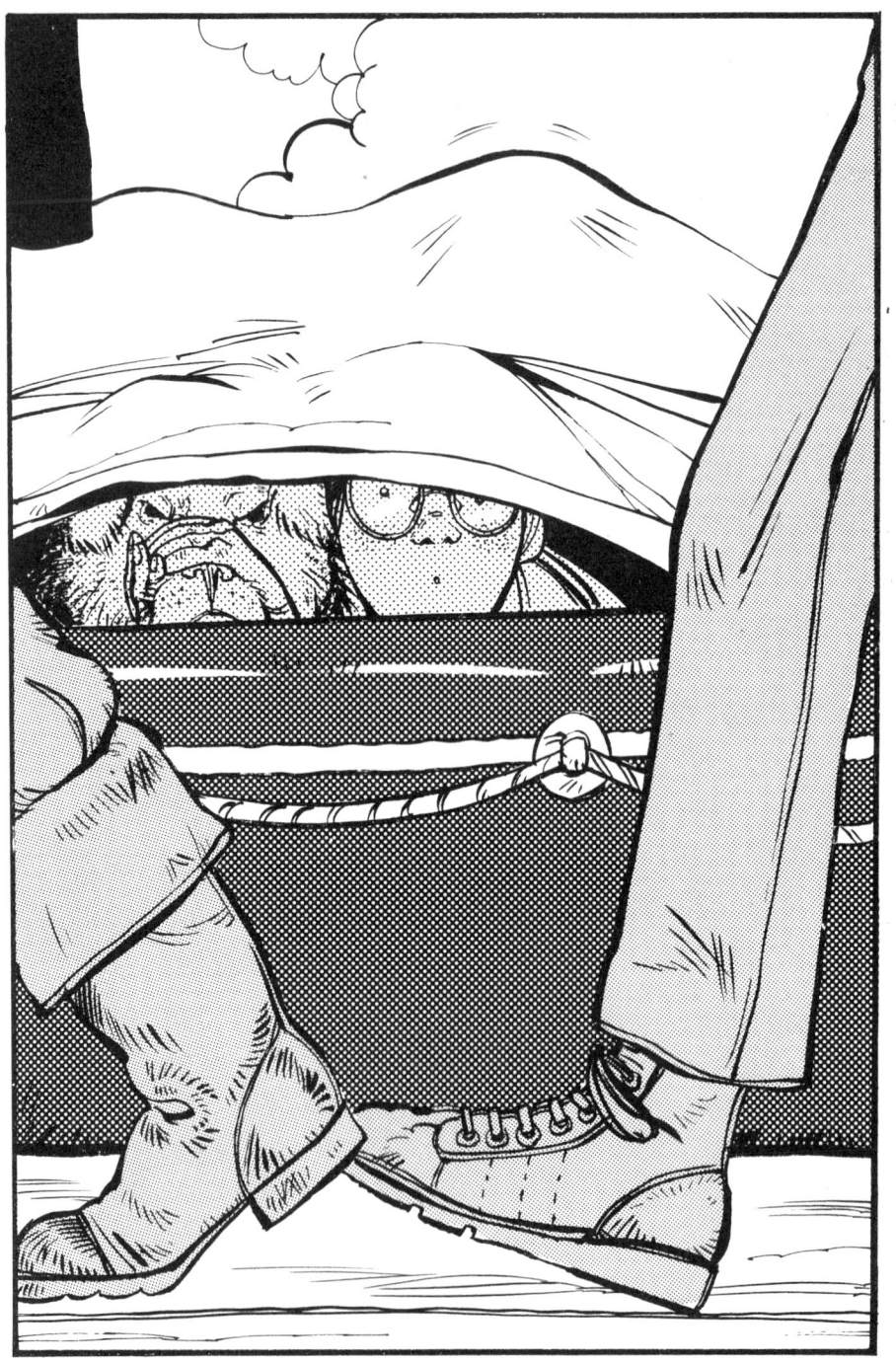

Mae'r dynion drwg yn gadael y llong.
I ble maen nhw'n mynd?
"Rhaid mynd ar ôl y dynion drwg,"
meddai Sam.
"Rhaid gweld i ble maen nhw'n mynd."

"Brysiwch," meddai Sam.

"Rhaid gweld i ble mae'r dynion drwg
yn mynd."

"Dos y ci mawr, dos," meddai Bob.

"Rhaid i ti aros ar y llong."

"Mae arna i ofn," meddai Elin.
"Mae arna i ofn y dynion drwg.
Rhaid i'r ci ddod gyda ni hefyd."

"Iawn," meddai Sam.

"Iawn. Tyrd â'r ci mawr.

Dewch, Bob ac Elin. Rhaid inni fynd oddi ar y llong ac ar ôl y dynion drwg."

Mae'r plant yn mynd oddi ar y llong yn ddistaw, ddistaw.

Mae'r dynion drwg yn mynd am y dref.
Beth ydi enw'r dref?
Amsterdam ydi enw'r dref.
Ble mae Amsterdam?
"Dydi Amsterdam ddim ar Ynys Môn,"
meddai Sam.

Edrychwch, mae camlas yn y dref.
Mae adeilad mawr yn ymyl y gamlas.
Dacw'r dynion drwg yn mynd i'r adeilad
wrth y gamlas.

Beth sydd yn yr adeilad?
Mae'r plant yn mynd i mewn i edrych.